LA CHARITÉ A MARSEILLE

DISCOURS DE RÉCEPTION

A L'ACADÉMIE DE MARSEILLE

PRONONCÉ

Dans la Séance publique du 23 Janvier 1876

PAR

M. OCTAVE TEISSIER

ARCHIVISTE DE LA VILLE

OFFICIER DE L'INSTRUCTION PUBLIQUE, CHEVALIER DE LA LÉGION-D'HONNEUR

———

MARSEILLE

BARLATIER-FEISSAT PÈRE ET FILS, IMPRIMEURS DE L'ACADÉMIE
Rue Venture, 19.

——

1876.

LA CHARITÉ A MARSEILLE

DISCOURS DE RÉCEPTION

A L'ACADÉMIE DE MARSEILLE

PRONONCÉ

Dans la Séance publique du 23 Janvier 1876

PAR

M. OCTAVE TEISSIER

ARCHIVISTE DE LA VILLE

OFFICIER DE L'INSTRUCTION PUBLIQUE, CHEVALIER DE LA LÉGION-D'HONNEUR

———〜〜〜———

MARSEILLE

BARLATIER-FEISSAT PÈRE ET FILS, IMPRIMEURS DE L'ACADÉMIE
Rue Venture, 19.

—

1876.

LA CHARITÉ A MARSEILLE

DISCOURS DE RÉCEPTION

A L'ACADÉMIE DE MARSEILLE

Messieurs,

Vos suffrages indulgents m'ont ouvert les portes de votre savante Compagnie. — Des relations déjà anciennes avec la plupart d'entre vous, me rendent cette faveur extrêmement précieuse. J'en suis heureux, heureux et flatté, plus que je ne saurais l'exprimer. J'éprouve, cependant, un sentiment de tristesse, en songeant que je suis appelé à occuper le fauteuil de l'érudit aimable et sympathique, qui m'accueillit, à mon arrivée à Marseille, avec tant de grâce et de bienveillance.

Vous avez tous connu M. Bory ; vous l'avez tous aimé ; je ne vous dirai donc pas quelle fut l'existence honnête et laborieuse de ce charmant esprit ; mais, je rappellerai, pour les louer, les trop rares productions de cet écrivain délicat, qui n'a jamais livré une ligne à l'impression.

sans l'avoir vingt fois relue, retouchée et polie avec un soin extrême.

M. Bory a publié successivement :

La traduction d'une *Cantinella* provençale du XIe siècle; la *Biographie de Pierre Bellot* ; une *Notice sur la Poésie provençale depuis les troubadours* ; la réimpression des *OEuvres de Zerbin*, précédée d'une préface très-remarquable ; enfin, un mémoire sur l'état de la langue française à Marseille avant la fondation de notre Académie.

Nous devons, en outre, aux savantes recherches de M. Bory, une étude complète sur les origines de l'imprimerie à Marseille.

Cet ouvrage, qui sera toujours consulté avec fruit par les bibliophiles et par les amis de notre histoire locale, est enrichi de notes et de documents inédits, puisés dans les archives de l'Hôtel-de-Ville, qu'il avait minutieusement explorées.

Les esprits exacts et consciencieux comme le sien sont rares. Peu d'écrivains, aujourd'hui, se donnent la peine de recourir aux sources. On broche, en quelques mois, l'histoire d'une ville, après avoir consulté une vingtaine de volumes, connus de tout le monde, et qui ne sont, la plupart du temps, que la reproduction d'autres livres non moins connus.

Si ces auteurs avaient le courage d'affronter la poussière des archives municipales, et de déchiffrer les vieilles collections qu'elles renferment, ils en seraient grandement récompensés. J'ose dire, en ce qui me concerne, que j'ai passé des heures remplies de charme, en parcourant ces précieux recueils, qui m'ont initié aux mœurs, aux coutumes, aux usages des anciens Provençaux. J'y ai lu, notamment, avec le plus vif intérêt, l'histoire de la charité publique à Marseille, depuis le moyen âge jusqu'à la Révolution, et j'ai l'espoir de captiver votre attention, pendant quelques instants, en résumant ici, à grands-traits, cette histoire vraiment honorable pour notre ville.

Un des plus vieux parchemins conservés dans nos archives, fait remonter au mois de janvier 1188, la fondation de l'hôpital du Saint-Esprit, qui fut le berceau de l'Hôtel-Dieu actuel (1).

L'hôpital du Saint-Esprit était spécialement affecté aux malades et aux infirmes. On y reçut, plus tard, les enfants abandonnés : « Nous avons livré — disaient les recteurs de cet hospice — le 3 Décembre 1306, un enfant femelle à Dame Hugone, d'Aubagne, qui demeure à la rue des Pilliers ; elle a reçu quatre sous pour un mois payé d'avance, et doit garder l'enfant jusqu'à Saint-Michel, époque où elle le sèvrera. »

L'institution des enfants trouvés, à Marseille, remonte donc à plus de cinq cents ans, c'est-à-dire, à deux ou trois siècles avant la naissance de Saint Vincent-de-Paul, qui devait donner une si grande extension à cette œuvre admirable. Tout fait supposer qu'il en eut la première pensée quand il vint à Marseille, en 1622, à la suite de Pierre de Gondi, général des galères.

Le moyen-âge fut l'époque des grandes libéralités. Chacun éprouvait le besoin de fléchir la colère divine, soit en enrichissant les églises, soit en donnant son bien aux pauvres (2). Une des plus importantes donations du

(1) In nomine Domini, amen. Anno incarnationis ejusdem millesimo centesimo octuagesimo VIII, mense januarii, tam presentibus quam futuris, sit notum : quod ego Barralus dominus, Massilie vicecomes, dono et concedo tibi Bertrando Sardo et Ospinello et Guillelmo de Nicia et Guiraldo de Garrigis et Bertrando Botario, fratribus confrairie procuratoribus ospitalis sancti spiritus, et aliis fratribus presentibus et futuris, quod non possit aliqua persona servitutem aliquam, ne que exitum habere, in illa via que transire debet ante domum ospitalis, quam vos fratres acaptavistis A. abattisse et sanctimonialium Sancti Salvatoris, XL solidos, sicut instrumento acapti continetur et quod hec concessio mea sit semper firma, et stabilis precepi hanc cartam ita B. de Portali, meo notario, scribere et Ansaldo Mutio, mea propria bulla bullari ne possit amodo in irritum verti.

(*Archives municipales de Marseille. Série GG.*)

(2) Je n'indique pas ici les corporations religieuses, et les ordres hospitaliers, dont les œuvres se rattachent plus ou moins aux œuvres

XIV° siècle, fut celle de Bernard Garnier, qui, après avoir fondé, en 1358 , l'hôpital de Saint-Jacques de Galice, lui abandonna, à sa mort, tout son avoir. Or, cet avoir consistait en rentes et redevances, grevant 208 maisons et 226 propriétés rurales.

Un riche commerçant, nommé Julien Cazaulx, légua toute sa fortune, en 1394, au même établissement, sauf quelques capitaux affectés à des œuvres particulières. Il constitua, notamment, une rente en faveur de l'hôpital du Saint-Esprit, sous la condition de donner, tous les vendredis, aux pauvres prisonniers, du pain, du vin, une écuelle de soupe et du poisson.

En 1449, une dame veuve, nommée Douce Fouquière, qui possédait une belle maison dans le quartier de la Blanquerie, aujourd'hui rue de l'Étrieu, légua cet immeuble aux pauvres, pour servir d'asile aux veuves réduites à la mendicité.

Dans le siècle suivant, un fondateur dont le nom n'est point parvenu jusqu'à nous, créa un hôpital pour les hydropiques (1550).

Mais nos pères ne songeaient pas seulement aux souffrances physiques, ils étaient remplis de commisération pour toutes les situations malheureuses. Antoine de Glandevès fonda, en 1576, une maison pour l'éducation des orphelines, et deux ans après, un apothicaire compatissant, nommé Busson, légua une somme assez importante, pour constituer une dot aux filles élevées dans cet établissement.

A peu près à la même date, soit le 8 mai 1578, sept personnes charitables fondèrent, dans l'église des Accoules, une confrérie « pour exercer les sept œuvres de miséricorde, et, spécialement pour secourir ceux que la honte empêchait de mendier. »

d'assistance publique ; ce serait sortir du cadre que je me suis imposé. On en trouvera, du reste, la nomenclature très-complète, dans l'*Histoire de Marseille* par Rulli (Tom. II), et dans l'*Histoire des Hôpitaux et des institutions de Bienfaisance*, par M. Augustin Fabre.

Une maison de filles repenties fut instituée en 1630, pendant que la peste sévissait. « Les Consuls — dit l’historien de Marseille — firent vœu, pour apaiser l’ire de Dieu, de fonder, aux dépens du public, une maison de filles repenties. »

Il paraît que ces Consuls voyaient dans la terrible épidémie, qui faisait tant de victimes, une juste punition des mœurs déréglées des Marseillais, puisqu’ils confièrent à des Magdeleines la mission d’obtenir le pardon de leurs fautes.

Dix ans après, le 4 Décembre 1640, les premiers magistrats de la cité complétèrent l’œuvre instituée par leurs prédécesseurs, en créant un Refuge, pour renfermer les femmes de mauvaise vie. Mais, celles-ci n’étaient point repentantes, et on les traitait avec une rigueur qui fit donner à cet établissement, le surnom de *La Galère*. Les détenues y étaient, en effet, soumises à une discipline des plus sévères. Dès leur entrée, on leur coupait les cheveux, qu’un règlement, dépourvu de galanterie, qualifiait de : *Cordes par lesquelles le diable retient les femmes captives.*

Cette même année, un prêtre, au cœur ardent et passionné pour le bien, le chanoine Emmanuel Pàchier, fit un appel éloquent à la charité publique, et parvint à créer, avec les aumônes recueillies, un vaste établissement destiné aux mendiants de la ville : quant aux étrangers, ils étaient impitoyablement chassés de Marseille.

« Il est très-expressément ordonné, disait un règle-
« ment publié le 6 avril 1694, à tous vagabonds et gens
« sans aveu, à tous mendiants non originaires de cette
« ville, d’en sortir, sous peine de huit jours de prison et
« du carcan pour la première fois, et, pour la seconde,
« du fouet aux femmes et enfants âgés de douze ans
« jusqu’à seize, et de la galère pendant trois ans pour
« les hommes valides. »

A la suite de cette publication, les mendiants étrangers quittèrent la ville, et ceux de Marseille furent

enfermés dans l'hôpital général. — Cette sévérité dé-
plut à quelques philanthropes, qui n'eurent aucune
peine à ameuter la foule contre les agents chargés
d'exécuter les ordres de la Municipalité. « C'est une
« chose étrange — disaient-ils — de mettre en prison
« des pauvres, seulement parce qu'ils demandent l'au-
« mône. Les pères de l'Église nous défendent de refuser
« l'aumône à aucun pauvre, dans la crainte que celui à
« qui on la refuse ne soit Jésus-Christ lui-même. Du
« reste — ajoutaient-ils — le Rédempteur a dit que
« nous aurons toujours des pauvres avec nous. »

Ces belles phrases, jetées à propos, exaltèrent les esprits
peu éclairés, et bientôt, les mêmes personnes qui
s'étaient dépouillées pour fonder l'hospice de la charité,
se montrèrent les plus hostiles à l'égard de cet établissement.

Un archer ayant tenté d'arrêter un homme qui men-
diait à la porte de l'Église Saint-Martin, fut battu et
mis hors d'état d'exécuter l'ordre qu'il avait reçu. Le
même jour, un mendiant qui venait d'être saisi près de
l'Hôtel-de-Ville, fut délivré par une troupe de jeunes
gens, qui se jetèrent sur les archers, les accablèrent de
coups et les traînèrent par les cheveux.

On dut renoncer, pour quelque temps, à la poursuite
des mendiants et des gueux, qui continuèrent à étaler
leurs plaies, vraies ou fausses, dans les rues de Marseille.

D'ailleurs, une œuvre nouvelle détourna l'attention
publique et fournit l'occasion, aux personnes vraiment
charitables, de donner cours à leurs sentiments d'huma-
nité. Jean de Puget légua, en 1695, une somme de
69,000 livres, pour établir un Mont-de-Piété. Son exemple
fut suivi, et bientôt cet utile établissement, suffisam-
ment doté, rendit les plus grands services à la population
indigente.

En 1699, un ecclésiastique, rempli d'initiative et de
dévouement, fit bâtir, avec le concours d'un certain
nombre d'habitants, un hospice pour les aliénés ; l'année
suivante, quelques personnes pieuses et charitables s'en-

tendirent pour fonder un hôpital destiné aux pauvres paralytiques.

La même ardeur pour soutenir les œuvres existantes et pour en créer de nouvelles, les mêmes libéralités se continuèrent jusqu'à la fin du XVIII° siècle. Mgr de Matignon légua, en 1725, à l'Hôtel-Dieu, 120,000 livres; en 1774, M. le docteur Aubert consacra toute sa fortune à la fondation d'un hôpital pour les maladies spéciales, qui n'étaient pas traitées dans les autres hôpitaux.

La Révolution survint, et tous les biens des établissement charitables furent aliénés au profit de la nation. Cette vente produisit quatre millions. Le Trésor public n'en fut pas plus riche, mais les pauvres furent ruinés. eux qui croyaient n'avoir plus rien à perdre !...

Oublions ces temps malheureux, et sans autre transition arrivons à l'époque actuelle.

A chaque heure de leur pénible existence, les indigents de notre ville, trouvent une œuvre charitable prête à les secourir, et ces œuvres réunies distribuent, année moyenne, deux millions de francs.

C'est beaucoup, si l'on considère le nombre relativement restreint des bienfaiteurs ou associés des œuvres ; mais c'est bien peu, si nous songeons aux 30 ou 40,000 nécessiteux qu'il s'agit de secourir.

Ces deux millions sont très-intelligemment distribués, et le tableau des efforts tentés par les diverses œuvres, pour atteindre toutes les souffrances, est digne d'attention.

La charité maternelle, sous les traits des Dames les plus distinguées de notre ville, attend l'enfant qui va naître ; elle le reçoit au seuil de la vie, elle l'enveloppe dans des langes choisis avec un soin délicat, et la mère, elle-même, secourue par l'œuvre, sourit avec bonheur à cet enfant qu'elle voit entouré de tant de sollicitude.

Vous ne savez peut-être pas, Messieurs, quelle fut la sainte femme, la mère affligée, qui institua la Société de Charité Maternelle. Permettez-moi de vous révéler son nom, et de rappeler, brièvement, dans quelles circonstances elle en reçut l'inspiration.

Pendant l'hiver rigoureux de 1788, la Reine Marie-Antoinette visitant quelques familles d'ouvriers, dont la misère lui avait été signalée, fut conduite chez une pauvre femme qui venait d'accoucher. Cette mère, jeune encore, mais vieillie par la souffrance et les privations, gémissait sur un grabat; autour d'elle, deux enfants déguenillés demandaient du pain, tandis que la sage-femme, tenant dans ses bras le nouveau né, cherchait dans tous les coins de la mansarde, quelques lambeaux de linge pour l'envelopper.

Vivement impressionnée par ce spectacle navrant, la Reine s'approcha de la pauvre mère, lui adressa des paroles de consolation, et vida sa bourse dans les mains des enfants. Elle sortit ensuite, promettant de revenir ou d'envoyer bientôt des provisions de toute nature. Elle était heureuse du bien qu'elle venait de faire, et songeait à la possibilité d'étendre ses bienfaits à toutes les mères indigentes.

Rentrée à la Cour, la reine fit part de son projet aux dames qui l'entouraient; elle leur demanda de s'unir à elle pour distribuer des secours aux mères, et donner des trousseaux à ces pauvres petits êtres qui, dès le premier jour de leur naissance, éprouvaient déjà les dures étreintes de la misère.

Trois ans après, la Société de Charité Maternelle, fondée par la jeune reine, secourait plus de mille enfants. (*Moniteur* du 25 janvier 1791.)

Cette œuvre périt avec l'infortunée Marie-Antoinette (1). Elle ne se reconstitua que sous le Directoire. M. de Pastoret, originaire de Marseille, qui occupait, à Paris, une haute situation dans l'administration des

______

(1) *Biographie générale de Firmin Didot.* Tom. 33, col. 697. *Mémoires de Madame de Campan.* Tom. I, chap. XI, page 271. *Mémoires de Weber concernant Marie Antoinette.* Tom. I, page 15. Nougaret, *Anecdotes du règne de Louis XVI.* Tom. I, page 271.

hôpitaux, en fut l'organisateur, et Mme de Pastoret, la première présidente. Napoléon Ier, par un décret du 5 mai 1810, alloua à cette œuvre, qu'il éleva au rang d'institution Impériale, une dotation de 500,000 francs.

Il existait déjà, à Marseille, une Société de Charité Maternelle, fondée le 7 mars 1805 par la Société de Bienfaisance.

Le préfet, M. Thibaudeau, et M. d'Anthoine baron de Saint-Joseph, maire de Marseille, obtinrent, en 1811, la réunion de ces deux œuvres.

La Société de Charité Maternelle, de Marseille, a secouru, depuis sa fondation, plus de 50,000 mères ou enfants. Elle continue cette mission touchante avec le même dévouement qu'au premier jour.

Dès que la mère indigente, ainsi secourue, est en état de sortir et de reprendre ses travaux extérieurs, la Crèche reçoit son enfant. Cet enfant, nourri au biberon et soigné avec une évangélique sollicitude par des sœurs de Saint Vincent-de-Paul, ne s'aperçoit pas trop de l'absence de celle qu'il est toujours si difficile de remplacer.

Quand la santé des mères ne leur permet pas de nourrir leurs enfants, la Société de Charité Maternelle leur accorde un petit secours, pour les aider à payer les mois de nourrice, et si ce secours n'est pas suffisant, la Grande Miséricorde ou les autres Œuvres complètent la somme exigée.

C'est alors qu'intervient la Société Protectrice de l'Enfance. Les membres dévoués de cette œuvre vraiment utile, surveillent ou font surveiller les nourrices qui ne résident pas à Marseille; ils veillent sur la santé des enfants, et souvent complètent le trousseau des plus nécessiteux.

A peine sevré ou en quittant la Crèche, l'enfant qui commence à marcher, est admis dans les salles d'asile. Ici encore, l'attendent des soins maternels. Les Sœurs de Charité ou les directrices laïques qui en prennent charge, ne le perdent pas de vue un instant ; elles le soignent et l'instruisent en l'amusant.

Mais le petit bonhomme est déjà grand ; il est temps, pour lui, de commencer des études plus sérieuses. Vingt écoles gratuites lui ouvrent leurs portes, et là, des maîtres habiles et remplis de zèle s'efforcent de développer sa jeune intelligence.

Ceux de ces enfants qui ont eu le malheur de perdre leurs parents et qui n'ont point d'asile, les orphelins en un mot, sont recueillis dans divers établissements qui rivalisent de sollicitude et de dévouement.

La ville de Marseille ne compte pas moins de neuf orphelinats, contenant près de 800 enfants, et dépensant chaque année, une somme totale de 180 à 200,000 fr. (1).

Cent enfants non moins malheureux : les uns privés de la vue, les autres de l'ouïe et de la parole, sont élevés et instruits dans deux Instituts, dirigés par un savant ecclésiastique, un saint prêtre, qui unit à une haute intelligence, un dévouement tout chrétien.

Les enfants pauvres ne peuvent pas demeurer longtemps dans les écoles, il faut qu'ils viennent en aide à leurs parents le plus tôt possible. Les garçons trouvent aisément à s'employer comme apprentis ; les jeunes filles, qui n'ont pas toujours les mêmes facilités, sont admises dans des ouvroirs, où elles apprennent la couture et reçoivent un modeste salaire.

Un grand nombre de ces enfants, parvenus à l'âge mûr, ont su se créer des ressources par le travail, et n'ont plus besoin de recourir à l'assistance publique. D'autres, moins heureux ou moins laborieux, se sont laissé envahir par la misère ; ils demeureront, jusqu'à leur dernière heure, à la charge de leurs concitoyens.

---

(1) *Orphelins du choléra*, chemin du Jarret ; *Orphelines du choléra*, rue d'Isoard ; de la *Providence*, boulevard de la gare ; de la *Grande Miséricorde*, rue de la Fonderie ; de *Saint Jean-Baptiste*, rue Friedland ; *Orphelines protestantes*, rue Sainte Cécile ; *Orphelines* du quartier de la Capelette, de Saint Loup, et du quartier des Carmes.

La charité publique ou privée ne les abandonnera jamais.

Malades ou infirmes, ils sont soignés par des médecins distingués, dans des hôpitaux admirablement tenus. — Valides, mais nécessiteux, ils sont secourus par toutes les œuvres de bienfaisance. La Grande-Miséricorde leur vient en aide; les paroisses leur distribuent des secours ; la Société de Saint-Vincent-de-Paul les visite, s'informe avec sollicitude de leurs besoins, et presque toujours, parvient à soulager leurs misères. L'œuvre essentiellement moralisatrice de Saint-François Régis, facilite, par tous les moyens possibles, le mariage civil et religieux des plus pauvres, et ramène la paix et la tranquillité de conscience dans un grand nombre de familles, en régularisant la situation des ménages irréguliers.

Enfin, les jeunes filles entraînées dans une voie honteuse, qui veulent racheter par le repentir et la prière un passé douloureux, sont accueillies dans divers refuges, où des Sœurs de Charité, patientes et douces, les réconcilient avec elles-mêmes.

Une dernière souffrance, une souffrance morale et physique, est réservée aux indigents. La vieillesse arrive avec son funeste cortége. Les enfants sont ingrats ou malheureux ; le vieillard infirme ne sait où reposer sa tête, il ira peut-être mourir sur un banc de nos promenades publiques.

Deux œuvres vraiment chrétiennes l'appellent et lui offrent un asile ; l'œuvre hospitalière de St-Jean-de-Dieu en abrite quelques centaines, et les Petites-Sœurs-des-Pauvres reçoivent tous les autres. Elles ouvrent leurs portes à deux battants, et quand il n'y a plus rien dans la maison pour faire la soupe à leurs pensionnaires, elles viennent, avec confiance, sur le marché aux légumes, où les plus pauvres revendeuses se dépouillent pour garnir leur modeste charrette, qui ne revient jamais vide.

Ai-je rappelé toutes les œuvres d'assistance publique qui honorent notre grande Cité? Je crains bien d'en avoir oublié plusieurs, car la charité chrétienne ne fait point de bruit et se cache volontiers. Mais, quels qu'en soient le nombre et le dévouement, ces œuvres ne sauraient atteindre tous les malheureux, cicatriser toutes les plaies, consoler toutes les douleurs.

Ce qui manque à cet ensemble de charité et de bienfaisance, c'est une œuvre d'assistance préventive. Il faudrait, et je sais que cela est très difficile, sinon impossible, il faudrait arrêter la ruine et la misère, au moment où elles pénètrent dans une maison. Quelle chute, quelle désolation ne préviendrait-on pas bien souvent, si l'on pouvait donner un secours de quelques centaines ou de quelques milliers de francs, à l'heure précise de la décadence, à cet instant suprême, où la mère de famille vient apporter en secret, au Mont-de-Piété, le premier bijou, qui ouvrira la route à toute son argenterie, à son trousseau, et enfin, à son anneau de mariage!

Il y avait, avant la Révolution, quelque chose d'approchant dans les usages de la Grande-Miséricorde. Lorsqu'un des membres de cette œuvre, créée notamment pour secourir les pauvres honteux, apprenait qu'un négociant était sur le point de suspendre ses paiements, il signalait sa détresse à la Grande-Miséricorde qui, discrètement, et souvent sans demander le nom du négociant, lui faisait parvenir jusqu'à 10,000 livres et quelquefois davantage. On cite un fait bien délicat et qui dit jusqu'où pouvait aller la sollicitude de ces hommes bienfaisants. Un commerçant honorable et parfaitement posé dans son quartier, se trouvait dans un moment pénible; le crédit hésitant, était prêt à l'abandonner. Dans ces circonstances, la moindre économie dans le train de maison, produit un effet déplorable. Il se trouvait sans argent pour payer le maître de musique de sa jeune fille, et comme cette dépense n'était pas indispensable, il allait la supprimer, lorsque la Grande-Miséricorde intervint, et prit à sa charge, pendant plusieurs mois, le traitement du professeur.

Je n'ajouterai rien à ce trait, qui résume tout mon système. Voilà l'œuvre d'assistance préventive que je souhaiterais, pour compléter la chaîne admirable que j'ai essayé de dérouler devant vous.

Je vous laisse, Messieurs, sous cette impression, espérant que l'indulgence, sœur cadette de la charité, pénétrera avec elle dans vos cœurs, et vous portera à juger, sans trop de sévérité, le discours que vous venez d'entendre.